Jürgen Kuczynski
Alte Gelehrte

Jürgen Kuczynski

Alte Gelehrte

Akademie-Verlag Berlin
1989

ISBN 3-05-00 1012-6
Erschienen im Akademie-Verlag Berlin
Leipziger Str. 3–4, Berlin, 1086
© Akademie-Verlag Berlin 1989
Lizenznummer: 202 · 100/210/89
Printed in the German Democratic Republic
Gesamtherstellung: VEB Druckhaus Köthen
Gesamtgestaltung: Ingo Scheffler
LSV 0105
Bestellnummer: 755 163 5 (9275)
00950

INHALT

ALTE GELEHRTE

1837 ging der König von Hannover mit einem Willkürakt gegen die Universität Göttingen vor. Sieben der Professoren, die sich nicht fügen wollten, wurden entlassen, unter ihnen Jacob Grimm, der erklärte:

„Es gibt noch Männer, die auch der Gewalt gegenüber ein Gewissen haben."

Der König aber entgegnete:

„Professoren, Huren und Tänzerinnen kann man überall haben, wo man ihnen einige Taler mehr bietet."

Beide, Jacob Grimm und Ernst August, König von Hannover, hatten recht, denn die Intelligenz, nicht zum wenigsten die wissenschaftliche, ist außerordentlich verschieden zusammengesetzt, wenn sich auch ihr charakterliches Niveau im späten Lebensalter hebt. Die Geschichte der Intelligenz ist wahrlich keine Heldengeschichte, doch die besten ihrer Mitglieder sind Heroen der Geschichte der Menschheit, und nicht wenige alte Gelehrte sind prächtige Gestalten. Von ihnen vor allem, von der unter den alten Gelehrten zu beobachtenden Tendenz, sei es auf Grund vergangener Erfahrungen, sei es auf Grund von günstigen Alterserscheinungen, ihr Wirkungsniveau zu heben, soll im folgenden die Rede sein.

Das Alter und seine Eigenheiten hat große Denker seit langem beschäftigt. Vor 2000 Jahren schon schrieb Cicero sein Traktat über das Alter. Vor 126 Jahren sprach Jacob Grimm zu diesem Thema in unserer Akademie. Ich möchte über ein engeres Thema reden, über den alten Gelehrten.

Seit einigen tausend Jahren, seit dem Entstehen einer wissenschaftlichen Intelligenz, seitdem wir von schreibenden und bildenden Künstlern in hauptberuflicher Tätigkeit hören, scheint diesen Menschen eine besondere Gnade zuteil geworden zu sein: Sie können so oft, fast ohne Einschnitt, in ein höheres und hohes Alter eintreten, das heißt, ohne ihre gewohnte Tätigkeit aufgeben zu müssen.

Scheint eine besondere Gnade zuteil geworden zu sein ... scheint! Denn in Wirklichkeit werden den wenigen tausend Jahren einer Sonderstellung dieser Schicht Millionen und Milliarden und noch mehr Jahre des Kommunismus folgen, in denen alle Menschen nach ein, zwei Jahren notwendigen Dienstes in der Produktion der für die Gesellschaft als Lebensgrundlage gebrauchten Güter ein Leben in Freizeit führen, das ihnen auch reichlich Zeit zur Ausbildung und Ausübung ihrer Fähigkeiten als Wissenschaftler wie als schreibende und bildende Künstler gewährt. So sah es auch Marx in den „Grundrissen der Kritik der Politischen Ökonomie", so sollten auch wir die ferne Zukunft sehen: Eine Gesellschaft, in der alle Menschen zumindest zeitweise zur Intelligenz gehören, denn bisweilen werden sie auch eine Reihe von Jahren aus Neigung und Freude als Kunsttischler, Kunstgärtner oder mit anderer materieller Tätigkeit verbringen.

Das Leben der wissenschaftlichen und künstlerischen Intelligenz heute ist also hinsichtlich ihrer Tätigkeit im Alter nur die Vorwegnahme von Verhältnissen, in denen sich später einmal die gesamte Menschheit befinden wird. Es ist ein Ausnahme-Leben für den winzigen Zeitraum von einigen tausend Jahren gegenüber einer vielleicht unendlichen Zahl von Jahren, in denen solches Glück allen Menschen zuteil wird.

Wenn wir unsere sozialistischen Verhältnisse heute betrachten, dann sind wie eh und je die Arbeiter mit der Hand, wenn sie das Rentenalter erreicht haben, vielfach körperlich ermüdet und scheiden aus dem spezifischen Arbeitsprozeß, in dem sie ihr Leben verbracht haben, aus. Ein ungewohntes, ein neues Leben beginnt für sie. Nicht daß sie aus dem gesellschaftlichen Leben ausscheiden müssen. Ja, gar nicht selten meinen sie, fast zuviel gesellschaftlich zu tun zu haben. In jedem Fall können sie so oft das schöne Gefühl haben, gesellschaftlich noch dringend gebraucht zu werden. Doch es ist ein neues Leben, das sie im Alter führen, und nicht jeder findet sich hinein und versteht es zu nutzen zum eigenen Wohl wie zum Gemeinwohl; es wäre aber nicht recht, ihm daraus einen billigen Vorwurf zu machen.

Wie anders geht es da dem Gelehrten, von dem allein im folgenden die Rede sein soll. Ganz abgesehen davon, daß er bei uns so oft überbezahlt wird, hat er mit einer Ausnahme ein ideales Leben ohne einen ernsten Einschnitt seiner Vergangenheit gegenüber.

Die eine Ausnahme berifft seine Lehrtätigkeit an den Universitäten, die ihm oft faktisch dadurch genommen wird, daß er nicht wie in alten

Zeiten frei in der Wahl des Themas ist. Ein Rückschritt gegenüber dem Leben der deutschen Gelehrten im 19. Jahrhundert und später noch. Wie überhaupt die Lehrtätigkeit der Professoren ja stark an gesellschaftlicher Bedeutung verloren hat. Vergangen sind die Zeiten, in denen große Lehrer, begabt in der Kunst der Rede und der Darstellung, zu ihren Hörern neben Studenten und Kollegen auch die Crème der Gesellschaft zählten, große Künstler, hohe Beamte, Minister und Leute vom Hofe des Herrschers. Öffentliche Vorlesungen hielten sie, und gespannt lauschten ihnen die Anwesenden. Nie werde ich die Vorlesungen des über 70jährigen Wilamowitz vergessen, wenn er über die griechischen Götter sprach und mir, dem kleinen Primaner, direkt von ihnen in den Hörsaal gekommen zu sein schien, um uns von ihnen zu berichten. Natürlich haben wir reichlich Gelegenheit in unserem Lande, sei es speziell zu unserer sich um die Wissenschaft bemühenden Jugend in Studentenklubs, sei es zur Allgemeinheit im Kulturbund und in der Urania, sei es zu unseren Propagandisten der SED zu sprechen. Aber das kann für so manche ehemalige Universitätslehrer kein Ersatz für die Vorlesungen an der Universität sein.

Wenn dagegen einige wenige Professoren mit der Emeritierung den Verlust ihrer (organisierenden) Leitungstätigkeit bedauern, so braucht man kein Mitleid mit ihnen zu haben. Akademische Leitungstätigkeit in Institutionen wie Universitäten und Akademien sollte jüngeren Kräften vorbehalten sein. Zumal mit der zunehmenden Bürokratisierung unserer akademischen Institutionen echte Gelehrte weniger und weniger Neigung zeigen, eine leitende Position zu übernehmen, da diese ihnen mehr und mehr Zeit von der wissenschaftlichen Arbeit, sei es Lehre oder Forschung, raubt. Auch sind mir aus der Geschichte unserer Universitäten keine Gelehrten, mit Ausnahme von Helmholtz, Mommsen und Harnack, bekannt, die im Alter noch besondere Leistungen als organisierende Leiter aufzuweisen hatten. (Das scheint nicht für Politiker zuzutreffen – man denke allein in diesem Jahrhundert an politische Leiter im hohen Alter wie Adenauer, Churchill, Clemençeau, Ulbricht und so manche andere.)

Nur Harnacks, des bedeutenden Theologen und Präsidenten der Kaiser-Wilhelm-Gesellschaft, sei hier gedacht. Als 1928 die staatlichen Mittel für die Wissenschaft aus Spargründen verkürzt werden sollten, erklärte er in einer

Denkschrift: „Streicht keinen Pfennig an den der Wissenschaft, der theoretischen wie der praktischen, gewidmeten Fonds; denn jede Steichung hier muß sich an unserer wirtschaftlichen Lage rächen!" Der 77jährige Theologe und Wissenschaftsorganisator wußte nicht, daß er eine alte Wahrheit, die Marx als Produktivkraft Wissenschaft formuliert hatte, den Bürokraten im Staate vorhielt.

Am 21. Mai 1930, kurz nachdem er 79 geworden war, sprach er im Hauptausschuß des Reichstags zum letzten Mal vor der politischen Öffentlichkeit und setzte die Bewilligung der von ihm beantragten Mittel für die Kaiser-Wilhelm-Gesellschaft durch.

Wenige Wochen darauf, schon im Krankenhaus, am Vormittag seines Sterbetages, am 10. Juni, sprach er mit seinem Sohn über die Stufen der menschlichen Erkenntnis und – als Wissenschaftsorganisator! – über die Unterrichtsanstalten, die ihnen zugeordnet werden müßten.

Aber Harnack gehört zu den ganz wenigen Ausnahmen. Man kann sogar feststellen: Fast alle echten Gelehrten fühlen sich mit der Emeritierung beglückt, der Pflichten der Leitung, und damit des sogenannten Verwaltungskrams, ledig zu sein. Sie können sich, ungestört durch

Alltagspflichten jenseits der Forschung, ganz ihrem eigentlichen Beruf widmen.

Natürlich werden sie stets eine wissenschaftlich führende – im Gegensatz zur auch verwaltungsmäßigen bzw. anordnenden, organisierenden – Funktion behalten. Sie werden Schüler haben, sie werden in beratenden Gremien tätig sein, ja, sie können sich auch an Kollektivarbeiten zusammen mit noch in Funktionen der Leitung stehenden Gelehrten beteiligen. In der Akademie können sie als Mitglieder auch wie vor der Emeritierung Vorträge halten, sei es in ihrer Klasse oder im Plenum. In Bibliotheken und Archiven, so erweist es ihre persönliche Erfahrung, werden sie mit besonderer Freundlichkeit und Achtung behandelt. Wie in alten chinesischen Geschichten werden dem greisen Gelehrten dort Ehre und Ehrerbietung zuteil.

ARBEITSWEISE UND GESELLSCHAFTLICHE HALTUNG

Untersuchen wir jetzt, ob sich die Arbeitsweise und die gesellschaftliche Haltung des Gelehrten im Alter ändern.

PARTEILICHKEIT, UNPARTEILICHKEIT, SUCHE NACH WAHRHEIT

Immer ist es die Aufgabe des Gelehrten, unparteilich die Wahrheit zu suchen. Alle Parteilichkeit, die die Suche eines Themas bestimmen muß, alle Parteilichkeit, die ihn erfüllen muß, wenn er über die Anwendung seiner Forschungsresultate nachdenkt, muß er jedoch fallen lassen, wenn er unbefangen, unparteilich die Fakten sucht, die Prozesse der Bewegung überprüft. So haben es auch die Klassiker des Marxismus-Leninismus stets verlangt, etwa wenn Marx die Unparteilichkeit des großen Ricardo rühmt, und wenn Lenin mahnt, nicht einzelne Fakten zusammenzustellen, um eine These zu beweisen.

Zumal man auch folgendes sehen muß: Völlige Ablehnung der Parteilichkeit um absoluter Unparteilichkeit willen bei der Wahrheitssuche ist in gewisser Weise auch die höchste Form der Parteilichkeit. Sagt doch Engels im „Ludwig Feuerbach und der Ausgang der klassischen deutschen Philosophie": „Je rücksichtsloser und unbefangener die Wissenschaft vorgeht, desto mehr befindet sie sich im Einklang mit den Interessen und Strebungen der Arbeiter." Welch großartige Negation der Negation!

Wie fundamental wichtig diese Lehre unserer Klassiker ist, wie gefährlich es ist, nicht alle Fakten zu sammeln und nicht absolut unbefangen und unparteilich an sie heranzugehen, dafür ein Beispiel aus meinem eigenen Leben.

Im Jahre 1931 sagte ich als erster unter den marxistischen Wissenschaftlern das mögliche Ende der Großen Krise für das Jahr 1932 voraus, eine Prognose, die auch für Deutschland eintraf und natürlich von größter Bedeutung für die Einschätzung der seit 1933 zunächst langsamen, später sehr beschleunigten Steigerung der Wirtschaftstätigkeit war. Wir wiesen später mit Recht darauf hin, daß „die Überwindung der Krise" durch die Hitlerregierung eine propagandistische Lüge der Faschisten war, und die Talsohle der Krise faktisch um die Mitte des Jahres 1932 erreicht worden war.

1933 arbeitete ich nun in der Informationsabteilung der illegalen Reichsleitung der KPD. Voller Haß gegen den Faschismus und diesem Haß entspringender Parteilichkeit verstieß ich jedoch bei der Einschätzung der Wirtschaftsentwicklung gegen die Lehren unserer Klassiker über die Notwendigkeit einer unparteilichen Sammlung der Fakten und Analyse. Ich suchte 1933 vielmehr vor allem ungünstige Fakten der Wirtschaftsentwicklung für meine Analysen heraus und täuschte so mich und vor allem die Partei über die faktische Entwicklung.

Das war kein einfacher Fehler in der Analyse, sondern zeugt von einer „politisch" wohl verständlichen, aber grundfalschen und gefährlichen wissenschaftlichen Haltung, die ich heute, wo ich fast dreimal so alt bin wie damals, nicht nur selbstkritisch verurteile, sondern auch warnend hier erwähne, da sie auch heute noch gar nicht selten unter Wissenschaftlern in aller Welt verbreitet ist.

Doch die Wahrheit ist gar manchen Leitern, sei es im Betrieb, sei es in einer religiösen Gemeinschaft oder im Staat oder anderswo, nicht immer genehm. Sokrates mußte den Giftbecher trinken, Giordano Bruno wurde verbrannt, am Grabe von Leibniz, dem unsere Akademie ihr Entstehen verdankt, stand nur sein Diener, und so geht es fort, bis in unser Jahrhundert, überall in der Welt.

Das Verhalten des Wissenschaftlers wie des Leiters zur Wahrheit ist das Kriterium ihrer Gesellschaftsmoral. Lenin, der sowohl ein Genie als Wissenschaftler wie als Leiter der größte Staatsmann unseres Jahrhunderts war, muß unser aller Beispiel im Verhalten zur Wahrheit sein.

Doch gerade die Überprüfung unseres Verhaltens zur Wahrheit zwingt uns festzustellen, wie recht der welterfahrene und weise Goethe hatte, als er in seinem Trauerspiel Elpenor bemerkte: „Wer alt mit Fürsten wird, lernt vieles, lernt zu vielem schweigen." Und keineswegs sind nur Fürsten notwendig, keineswegs ist ein langes Leben unter Fürsten erforderlich, um schweigen zu lernen. So mancher lernt es schon in der Schule oder als Lehrling wie als Student. Und niemandem ist das Schweigen zur Wahrheit, insbesondere zur neu gefundenen Wahrheit, weniger zu verzeihen als dem Gelehrten, dessen ureigene Aufgabe die Verbreitung bekannter und die Entdeckung neuer Wahrheiten ist. Un-

ter den Gelehrten selbst sind es wieder die alten, denen wir ein Verbergen der Wahrheit aus
Feigheit, Ruhebedürfnis oder immer noch glim-
mendem falschen Ehrgeiz am wenigsten verge-
ben.

Wie großartig mahnt uns doch Jacob Grimm
in seiner herrlichen „Rede über das Alter": „Je
näher wir dem Rande des Grabes treten, desto
ferner weichen von uns sollten Scheu und Bedenken, die wir früher hatten, die erkannte
Wahrheit, da wo es an uns kommt, auch kühn
zu bekennen. Auf ihrem Verleugnen beruht der
Fortbestand und die Verbreitung schädlicher
und großer Irrtümer." Wenn Goethe in seinen
„Maximen und Reflexionen" erklärt: „Das erste
und letzte, was vom Genie gefordert wird, ist
Wahrheitsliebe", dann fragen wir: Nur vom
Genie? auch von mittleren und kleinen Gelehrten verlangen wir als erstes und letztes die
Liebe zur Wahrheit . . . als erstes und letztes,
insbesondere aber als letztes!

Verständlich mag es sein, jedoch unverzeih-
lich, wenn Rücksicht auf die eigene Karriere
so manchen wissenschaftlichen Funktionär der
Lauterkeit des Charakters beraubt und ihn läs-
sig sein läßt im Umgang mit der Wahrheit. Doch

nicht einmal verständlich ist solches bei einem alten Gelehrten. Zumal wir doch zu unserer Freude erleben, wie gar nicht selten politische Funktionäre, aus Altersgründen ihrer Funktionen enthoben, frei und offen, wie der Volksmund sagt, „von der Leber weg" zu sprechen beginnen.

Wenn wir nur an die Wahrheit des spezifischen Wissenschaftsgebietes denken, dann können wir wohl sagen, daß dem Naturwissenschaftler heute im allgemeinen weniger gesellschaftliche Hindernisse zum Bekenntnis der Wahrheit, zur Verbreitung der Wahrheit begegnen, mehr schon dem Techniker, die meisten dem Gesellschaftswissenschaftler. Darum ist auch das Niveau der Naturwissenschaften heute überall höher als das der Gesellschaftswissenschaften. Ausnahmen wie etwa die zwanziger Jahre in der Sowjetunion, in denen die Gesellschaftswissenschaften so wundervoll blühten, waren der gesellschaftlichen Haltung Lenins und eines großen Teils seiner Schüler zu danken. Den alten Gesellschaftswissenschaftler jedoch als Ausnahme zu nennen, haben wir kein Recht. So manche alten Gesellschaftswissenschaftler, die uns in der Gegenwart als Ausnahme erscheinen, etwa die greisen Lukács und Varga, derer wir mit so viel Recht feierlich gedachten, als 100 Jahre seit ihrer Geburt vergangen waren, waren nicht Ausnahmen in ihrem Alter, sondern waren kühne Verkünder der Wahrheit in ihrem gesamten wissenschaftlichen Leben gewesen. Nicht ein Auf und Ab in ihrem Streben nach Wahrheit, in ihren wissenschaftlichen Entdekkungen hat es gegeben, sondern ein Auf und Ab in ihrer sogenannten gesellschaftlichen Einschätzung – entsprechend dem Willen oder Unwillen von Leitern zur Anerkennung von Wahrheiten, sowie entsprechend der politischen Situation.

Doch führen wir den Gedanken noch weiter. In seinem so überaus interessanten Buch „Wege zum Erfolg" stellt Werner Gilde die Frage: Müssen Wissenschaftler Märtyrer für die Wahrheit werden?, und er verneint sie, meiner Ansicht nach zu absolut.

Gilde geht aus von dem „Widerruf des Galilei", den er verteidigt. Was Galilei widerrief, waren seine Anerkennung des Kopernikanischen Weltsystems und die Schlußfolgerungen, die er auf Grund eigener Beobachtungen daraus zog. Gilde schreibt:

„Fast alle Autoren, einerlei, ob es sich um Wissenschaftler oder Schriftsteller handelt, suchen Galilei wegen des Widerrufes zu entschuldigen. Sie weisen auf den äußeren Zwang hin, auf sein Alter und auf seine Religiosität.

Nach meiner Ansicht benötigt Galilei keinerlei Entschuldigung. Er hatte mit seinem Fernrohr die Bewegungen der Jupitermonde um den Planeten beobachtet. Er wußte also mit Bestimmtheit, daß Himmelskörper umeinander kreisen. Sobald ein Wissenschaftler eine Tatsache gemessen hat, soll er sein Ergebnis veröffentlichen. Das hatte Galilei gemacht (und eben das war der Vorwurf der Kirche).

Es lohnt sich aber nicht, für eine wissenschaftliche Erkenntnis Kopf und Kragen zu riskieren. ... Es gibt viele Dinge, für die es sich zu kämpfen lohnt. Aber wegen einer meßbaren und jederzeit wiederholbaren Beobachtung muß man kein Märtyrer werden."

Ich glaube, Gilde hat recht, was Galilei betrifft. Zumal sich auch die größten Physiker niemals im Alltag um das Kopernikanische System gekümmert haben. Genau wie die Kirchenfürsten, die Galilei verfolgten, hat auch Einstein stets früh am Morgen sich am „Sonnenaufgang" und abends an der Farbenpracht ihres „Untergangs" gefreut.

Das heißt, nachdem Galilei einmal die Resultate seiner Forschungen veröffentlicht (!) hatte, konnte er sicher sein, daß sie früher oder später anerkannt werden würden, und es war wirklich nicht so wichtig, ob das gleich oder erst fünfzig Jahre später oder überhaupt im Alltag geschah. Es lohnte sich nicht, zum Märtyrer für sie zu werden.

Wie aber steht es mit den neuen Wahrheiten, die Gilde und sein Institut für die Entwicklung der Schweißtechnik gefunden haben? Sie waren und sind nicht sehr bedeutend im Vergleich zu den von Kopernikus und Galilei entdeckten Wahrheiten, jedoch von ungleich größerem unmittelbaren Nutzen für unsere Republik und allgemein, als die Entdeckungen der Wahrheiten des Galilei in seiner Zeit. Lohnt es sich nicht, für diese Wahrheiten zu kämpfen und unter Umständen zu einem „kleinen Märtyrer" zu werden – etwa seine Stelle als Institutsdirektor zu verlieren und als kleiner Abteilungsleiter oder in noch niedrigerer Funktion weiterzuarbeiten? Ich meine, hier gilt es unter allen Umständen zu kämpfen.

Das Komplizierte an der ganzen Problematik ist doch, daß die Haltung des Entdeckers neuer Wahrheiten bestimmt werden sollte nicht durch die Größe der Entdeckung, sondern durch ihren unmittelbaren Nutzen für die Menschheit.

Auch möchte ich ganz persönlich sagen, wie furchtbar ungern ich zugebe, daß Gilde wohl recht hat, was Galilei betrifft, insbesondere wenn der Widerrufer, wie bei Brecht, weiter heimlich an seinen neuen Ideen arbeitet. Ja, unter dem soeben genannten Umstand ist es wohl sogar die Pflicht des Wissenschaftlers zu widerrufen. Denn er hat dafür zu sorgen, möglichst viele neue Wahrheiten zu finden, und nicht dafür, als Held vor den Zeitgenossen dazustehen. Natürlich muß er auch, wie Galilei bei Brecht, für die Veröffentlichung seiner nach dem Widerruf gefundenen neuen Wahrheiten sorgen. Meine Bewunderung für Sokrates bleibt von diesen Überlegungen unberührt, jedoch nicht meine volle Übereinstimmung, die ich bisher so restlos mit dem im Alter von nur 44 Jahren umgekommenen Wahrheitskämpfer Giordano Bruno hatte. Brunos Tod für sein Bekenntnis zum und die Weiterentwicklung des kopernikanischen Systems rührt mich auch jetzt noch tief, aber war er notwendig? Bruno schrieb einen Dialog „Eroici furori", „heroischer Enthusiasmus" – und doch war es eine Übertreibung dieses Enthusiasmus seinerseits, zum Schaden der

Menschheit, daß er zum Todesurteil und zu seiner Verbrennung auf dem Scheiterhaufen führte. Eine traurige, aber so richtige Erkenntnis, zu der mich Gilde geführt hat. Man soll für die Entdeckung einer neuen veröffentlichten Wahrheit nur sterben, wenn sie von unmittelbarer Bedeutung für die Menschheit ist – so wie es Sokrates getan hat, so wie es Hunderttausende Kommunisten in unserem Jahrhundert getan haben – nicht aber für die Entdeckung der Bewegung der Sterne, wenn das den Entdecker am Finden weiterer Wahrheiten, deren Anerkennung Zeit hat, hindert. Die Bewegung der Gesellschaft ist von allerhöchster unmittelbarer Bedeutung für die Menschheit, die Bewegung der Sterne eben nicht.

Und doch, auch dafür möchte ich eine Ausnahme machen: den alten Wissenschaftler.

Zwar war Galilei erst 52 Jahre alt, als er zum ersten Mal die kopernikanische Lehre widerrief, und er hat in den folgenden Jahren noch großartige wissenschaftliche Arbeiten geleistet. Und auch als er sie zum zweiten Male, im Alter von 69 Jahren, noch einmal feierlich abschwören mußte, hatte er noch nicht sein erst im Alter von 72 Jahren vollendetes wohl größtes Werk über die Grundlagen der Mechanik geschrieben. Die Legende erzählt, daß er nach seinem zweiten Widerruf erklärt hätte: Eppur si muove („Und sie bewegt sich doch" – die Erde um die Sonne). Legende, sagen die Historiker, doch wie heißt es in einem italienischen Spruch: Se non è vero, è ben trovato, „Wenn es nicht so war, ist es doch irgendwie wahr".

Aber wer schreibt im hohen Alter noch sein wohl größtes Werk?! Der alte Gelehrte sollte in jedem Fall zum Märtyrer für die Wahrheit werden, ein Beispiel sein im Kampf für die Wahrheit. Welch großartigeres Alter kann man ihm wünschen, als bis zum Tode als Vorbild zu wirken, wenn nötig auch auf solche Weise. Es ist ein Privileg jedes alten Gelehrten, ganz gleich, ob seine Arbeit von unmittelbarem Nutzen oder nicht, als Märtyrer im Kampf um die Wahrheit zu enden – ein großartiges gesellschaftliches und ganz persönliches Privileg, den Menschen so, auf solche Weise die ganze Bedeutung der Wahrheit aufzuzeigen.

RISIKOBEREITSCHAFT

Doch nicht nur entsprechend der Haltung von Leitern zur Wahrheit gab es ein Auf und Ab für die Wissenschaftler, denn sie alle, selbst die größten unter ihnen, haben auch Fehler gemacht. Sie hatten nämlich eine Eigenschaft, die in einer gesunden gesellschaftlichen Atmosphäre vor allem der Jugend und dem Alter gemein sind: Risikobereitschaft. Während die Jugend noch unbefangen kühn voranstürmt, ist das Alter öfter entschlossen, ganz bewußt, ohne Rücksicht auf persönliche gesellschaftliche Folgen zum Bekenntnis zur Wahrheit. Beide sind darum, und das gehört ja zum Wesen der Risikobereitschaft, eher bereit, Fehler zu machen. Eine Gesellschaft jedoch, in der es als Makel gilt, intelligente – im Gegensatz zu dummen – Fehler zu machen, ist dem risikobereiten Wissenschaftler feindlich gesinnt. Um so größer die Verantwortung des alten Gelehrten, beispielhaft in seiner Risikobereitschaft zu wirken, da er ja nur kurzfristig noch, drücken wir es harmlos aus, gesellschaftlicher Mißstimmung ausgesetzt sein wird, und da er weiß, daß, ganz unabhängig davon, was die Zeitgenossen zeitweilig denken, sein Werk vor der Geschichte bestehen wird.

Je erfahrener der Wissenschaftler wird, desto größer sein Verständnis für kluge Irrwege und intelligente Fehler anderer Wissenschaftler, desto größer auch sein Einsehen, daß es nicht selten reines Glück ist, gleich den richtigen Weg, gleich die richtige Lösung gefunden zu haben. Am häufigsten begegnet uns solches Verständnis des Wissenschaftlers im Alter. Wir sprechen dann bisweilen fälschlicherweise von der Milde des Alters. Sie sollte den Wissenschaftler jedoch spätestens im Mannesalter beseelen. Mit Recht wendet sich Seneca gegen die Milde des alten Augustus: „Gemäßigt und milde, gewiß war er das, aber eben nachdem sich das Meer bei Aktium mit Römerblut gefärbt hatte, nachdem bei Sizilien seine und der Gegner Flottenmacht versank, nach den Opferszenen und Verdammungsurteilen von Perusia. Ich jedenfalls kann Grausamkeit, die sich müde gewütet hat, nicht als Milde bezeichnen." Manch Vorzüge des Alters sind also eine Schwäche des jüngeren Gelehrten, der viel zu spät Grundlegendes begriffen hat. Doch können wir Goethe zustimmen, wenn er in den „Maximen und Reflexionen" bemerkt: „Man darf nur alt werden, um milder zu sein; ich sehe keinen Fehler begehen, den ich nicht auch begangen hätte." Milde gegenüber den den Fortschritt der Wissenschaft doch so oft fördernden intelligenten Fehlern sollte dem Gelehrten bereits in früheren Jahren zu eigen sein, mag sie auch erst im Alter ihren Höhepunkt erreichen.

Jedoch ist auch folgendes zu bedenken: Natürlich kann es nicht das Ziel der Risikobereitschaft des Wissenschaftlers sein, möglichst viele intelligente Fehler zu machen. Denn intelligente Richtigkeiten sind uns viel nützlicher als im gleichen Maße intelligente Fehler. Es gibt zwar einen Spruch: Irren ist menschlich – jedoch wäre es grundfalsch zu glauben: Je mehr man irrt, desto menschlicher ist man.

Wenn Wilhelm von Humboldt fordert, daß der Wissenschaftler sowohl in der Einsamkeit wie im Kollektiv (Seminar, Symposium) zu arbeiten hat, dann wird die Diskussion im Kollektiv schon zahlreiche intelligente Fehler, die der Wissenschaftler in der Einsamkeit gemacht hat, bisweilen voller geistiger Freude der Mitglieder des Kollektivs an der Intelligenz des Fehlers, ausmerzen.

Stets hat die Intelligenz und bisweilen haben auch Staatsmänner die positive Bedeutung von Fehlern und insbesondere von Fehlerdiskussionen anerkannt. Gerade aus Fehlern, aus ihrer gründlichen Diskussion kann man viel lernen. „Auch Fehler sind lehrreich", bemerkt Gorki, „wo Fehler sind, da ist auch Erfahrung", sagt Tschechow. „Durch die Analyse der Fehler von gestern lernen wir die Fehler von heute und

morgen vermeiden", lehrt uns Lenin. Drei Leit-
sprüche für wissenschaftliche Kollektive! Und
so manche Fehler, die auch einem Kollektiv der
Wissenschaftler entgehen, wird die Praxis auf-
zeigen. Doch nie werden wir die ganze Wahrheit, stets nur die relative Wahrheit erfassen.

Der unendlich lange Weg zur absoluten Wahrheit ist aber vom ersten Schritt an mit wundervollen kreativen Schöpfungen durch Menschen mit Risikobereitschaft gepflastert.

Man hat die Milde des alten Gelehrten oft
auch als müde Schwäche gesehen. Aber muß
der Wissenschaftler im Alter geistig müde und
schwach werden? Welch eine unsinnige Vorstel-
lung! Wer ein diszipliniertes Leben geführt hat,
wird so oft bis in das höchste Alter seine geistige Frische erhalten. Gegen Ende des sech-
sten Jahrzehnts seines Lebens schrieb Wilhelm
von Humboldt an Charlotte Diede: „Ich hatte
mir das Alter immer reizend und viel reizender
als die früheren Lebensepochen gedacht, und
nun, da ich dahin gelangt bin, finde ich meine
Erwartung fast übertroffen." Und wieviel arbeitete Humboldt nach diesem Brief noch an
Problemen der Sprachwissenschaft!

Wohl gibt es im Alter des Wissenschaftlers
nicht selten ärgerliche körperliche Schwächen,

doch wenn er, wie es sich für jeden Wissenschaftler, genau wie für den Sportler, gehört, ein diszipliniertes Leben geführt hat, dann sind im Alter die Beschwerden des Körpers im allgemeinen nicht groß, und man vergißt diese oft auch bei der geistigen Arbeit, wie doch schon Cicero von seiner Arbeit über das Alter berichtet: „Mir wenigstens war die Ausarbeitung dieser Schrift so genußreich, daß sie mir nicht nur alle Beschwerden des Alters verscheucht, sondern auch das Alter zu einem behaglichen und genußreichen gemacht hat."

VON DER ARBEITSUNERMÜDLICHKEIT IM ALTER.

Schon in der Antike erzählte man gern von Greisen, die gewissermaßen oder auch faktisch mit dem Griffel in der Hand gestorben sind. Voller Freude vermerkt Cicero: „Es gibt auch ein sanftes und freundliches Alter, das einem ruhig und friedlich vollbrachten Leben zuteil wird, wie wir es z. B. kennen von Plato, der im 81. Jahre beim Schreiben gestorben ist, wie von Isokrates, der mitteilt, daß er die ‚Panathenaicus' betitelte Schrift im 94. Jahre verfaßt habe, und noch fünf Jahre länger gelebt hat, während sein Lehrer Gorgias von Leontini es auf volle 107 Jahre brachte, ohne jemals in Studium und Arbeit, die sein Element waren, zu rasten." Und natürlich erzählt er auch die im Altertum so gern wiederholte Geschichte von Sophokles: „Sophokles hat bis in sein höchstes Alter Tragödien gedichtet. Da er aber darüber sein Hauswesen zu vernachlässigen schien, wurde er von seinen Söhnen vor Gericht geladen: die Richter sollten ihm das Verfügungsrecht entziehen, gleichwie nach unserer Sitte schlecht wirtschaftende Familienväter unter Kuratel gestellt zu werden pflegen. Da soll der Greis das Stück, welches er gerade unter den Händen und vor kurzem geschrieben hatte, den Ödipus von Colonus, den Richtern vorgelesen und gefragt haben, ob das die Dichtung eines Mannes schiene, der seinen Geist nicht mehr recht beisammen hätte. Und daraufhin wurde er durch den Richterspruch freigesprochen."

Ja, manche Gelehrte beginnen im Alter noch Arbeiten, von denen sie sicher sein können, daß sie sie nicht vollenden werden. Wie rührend berichtet Jacob Grimm von sich: „Ein Philolog durfte wagen zuletzt an ein Wörterbuch die Hand zu legen, dessen fernliegendes, fast zurückweichendes Endziel in der engen Frist des ihm noch übrigen Lebens, wo die Regentropfen schon dichter fallen, leicht nicht mehr zu erreichen steht. Diese aus dem bescheidenen Gefühl menschlicher Unzulänglichkeit entsprungene Erwähnung wird nicht mißgedeutet werden."

Unermüdlich will der Geist des alten Gelehrten tätig sein – und wenn er das Gefühl hat, daß es nicht mehr zu Originalarbeiten reicht, dann sucht er sich anders zu beschäftigen. Als der große englische Philosoph Hobbes 84 Jahre alt geworden war, brachte er seine zuvor geschriebene Autobiographie in lateinische Verse, und mit 86 veröffentlichte er eine Übersetzung der Ilias und Odyssee. 10 Jahre zuvor aber hatte er sich noch in ein neues Arbeitsgebiet vertieft, das des Rechts, und einen Dialog zum Thema der Philosophie des Gemeinen Rechts in England geschrieben.

Wie schön kann auch K. J. Neumann in seinem Nachruf auf Mommsen in der „Historischen Zeitschrift" 1904 über das höchste Alter dieses großen Gelehrten berichten: „Die letzte köstliche Frucht, die Mommsen noch mit eigener Hand gebrochen, war das römische Strafrecht vom Jahre 1898. Er wurde damals einundachtzig. Dem hohen Alter, bekannte Karl von Hase, eignet mehr die Tätigkeit des Redigierens als neues produktives Schaffen; so gestaltete Hase in den letzten Jahren seines Lebens auf Grund seiner akademischen Vorlesungen die ausgeführte Form seiner Kirchengeschichte. Auf gleichartiger Grundlage unternahm Ranke, als er Achtzig längst überschritten und sich den Neunzig näherte, die Skizzierung der Weltgeschichte, und auch in der Fortarbeit am Kosmos handelte es sich für A. v. Humboldt nicht mehr um originale Forschung, sondern um die letzte Formulierung längst gewonnener Resultate. All diesen Arbeiten ist auch gemeinsam, daß sie nicht mehr in lebendiger Berührung mit der fortschreitenden Forschung standen. Ganz anders das Strafrecht Mommsens. Es griff zwar bis auf den Anfang seiner Studien zurück, aber es war neue Arbeit, wie sie überhaupt noch nicht gemacht war, und die vollste Vergeistigung des Stoffes, der durch eine Fülle pointierter Urteile über allgemeine Fragen belebt wird, geflügelte Worte, die durch eine Zusammenstellung herauszuheben und kriminalistisch minder interessierten Kreisen zugänglich zu machen sich wohl verlohnte."

Auch von Lujo Brentano, dem bedeutenden Wirtschaftshistoriker und Kathedersozialisten, ist hier zu berichten. 8ojährig fuhr er 1924 mit seiner Tochter nach England, um in der Bibliothek des British Museum die neueste Literatur wie auch ältere Werke für eine Wirtschaftsgeschichte Englands zu studieren. 4 Bände von insgesamt über 2000 Seiten wird diese Geschichte, die von 1927 bis 1929 erschien, umfassen. „Damit habe ich mein wissenschaftliches Tagwerk beendet", heißt es in der Autobiographie, die der 86jährige 1930 abschloß.

Richard Lepsius, der große Ägyptologe, beendete als 70jähriger, nach 30 Jahren Arbeit daran, eines seiner Hauptwerke, die „Nubische Grammatik". Als fast 74jähriger, auf dem Sterbebett, las er noch die Korrekturen seiner letzten Arbeit über die „Längenmaße der Alten". Auch er „starb mit dem Griffel in der Hand".

ZIEHT DAS ALTER EINE BESONDERE ART VON ARBEIT VOR?

Damit aber haben wir bereits eine neue Frage berührt: Neigen alte Gelehrte zu einer besonderen Art geistiger Arbeit? Jacob Grimm scheint dieser Auffassung zu sein, wenn er bemerkt: „Es mag Arbeiten und Unternehmungen geben, die sich für das Alter besonders eignen, die emsig eingeholte Erfahrung voraussetzen und stillen, ruhigen Abschluß verlangen . . . Ich nähere mich dem Schlusse meiner Betrachtungen und glaube manches zur Stütze der Ansicht vorgebracht zu haben, daß das Alter nicht einen bloßen Niederfall der Virilität, vielmehr eine eigene Macht darstelle, die sich nach ihren besonderen Gesetzen und Bedingungen entfalte".

Denken wir noch einmal an die Feststellungen von Neumann zu den Alterswerken von Hase, Ranke und Alexander von Humboldt zurück. Er spricht ihnen im Grunde jede Originalität ab. Sie seien, meint er, das Resultat der Zusammenfassung vergangener Forschung und Gedanken. Frage: Sind wir wissenschaftlich bereichert durch Humboldts Kosmos oder Hases Kirchengeschichte? Ich meine ja. Wenn Hase glaubt, das Alter sei mehr geeignet zum Redigieren als zum kreativen Schaffen, so bezweifle ich das. Sicher aber bin ich, daß das Redigieren, richtiger das resümierende Zusammenfassen in einem langen Leben erforschter Prozesse und Wahrheiten, eine höchst bedeutende wissenschaftliche Tätigkeit ist. Und dieses Zusammenfassen gibt den früheren Forschungsresultaten zumeist noch eine besondere Färbung, denn je älter man wird, desto interdisziplinärer werden im allgemeinen Wissen und Blick, so daß das Redigieren, wie es Hase nennt, zumindest einen kreativen Schimmer, oft weit mehr annimmt. Weit mehr auch beim Redigieren von Arbeiten anderer. Man denke nur an die „Redaktion" des zweiten und dritten Bandes des „Kapital" durch Engels, dessen Einfügungen und erklärende Bemerkungen wahrlich kreativ sind.

Doch nun zurück zu den „Originalarbeiten" im hohen Alter. Hören wir, wie Heinz Berthold den alten Seneca schildert: „Ja, man darf sagen, daß der alte Seneca nach einem ausgefüllten Leben als Politiker und Schriftsteller den Gedanken ausschließlich literarischer Wirksamkeit über die Welt der Zeitgenossen hinaus gefaßt und verwirklicht hat. Nach den oben erwähnten Schriften, die Selbstverständigung und Selbstverteidigung ihm abforderten, entstehen in seiner letzten Schaffenszeit die sieben Bücher ‚Über die Wohltaten', sieben Bücher ‚Untersuchungen zur Naturwissenschaft' und vor allem das in zwanzig Büchern noch unvollständig erhaltene Briefwerk, neben dem nun noch zusätzlich ein uns nicht erhaltenes theoretisches Hauptwerk, eine systematische Darstellung der Moralphilosophie einhergeht, die man sich kaum minder umfangreich vorstellen darf als das Briefwerk." Dabei muß man sehen, wie seine Ethik und Naturanschauung sich gegenseitig durchdringen. Und nicht nur auf das rein Wissenschaftliche wird die Weitung des Blicks zu beziehen sein, auch auf andere Gebiete der Weltanschauung, etwa auf die Kunst oder die Politik. Denken wir wieder an Mommsen. Er ist 85 Jahre alt und in das letzte Jahr seines Lebens getreten. Politisch durch die Revolution von 1848 geprägt, war er stets ein aufrechter Bürger links von der Mitte, stets auch ein politischer Feind der Arbeiterparteien gewesen. Und in diesem letzten Lebensjahr schreibt er über die Sozialdemokraten: „Ich bin nie einer gewesen und gedenke auch nicht es zu werden; aber es ist leider wahr, zur Zeit ist dies die einzige große Partei, die Anspruch hat auf politische Achtung. Von dem Talent ist es nicht nötig zu reden; jedermann in Deutschland weiß, daß mit einem Kopf wie Bebel ein Dutzend ostelbischer Junker so ausgestattet werden könnten, daß sie unter ihresgleichen glänzen würden. Die Hingebung, die Opferbereitschaft der sozialdemokratischen Massen imponiert auch dem, der ihre Zwecke nichts weniger als teilt. An der Disziplin der Partei, deren ungeheure Schwierigkeiten uns ihre Parteitage drastisch vor Augen führen, könnten namentlich unsere Liberalen sich ein Muster nehmen."

Und ging es Jacob Grimm nicht ähnlich wie Mommsen? Wohl zeigte er 1837 Mut vor Königsthronen, als er und sechs seiner Kollegen gegen das Willkürregiment des Königs von Hannover protestierten und die Universität Göttingen verlassen mußten. Doch in seiner bald darauf erschienenen Schrift „Über meine Entlassung" heißt es ausdrücklich, daß er „für alles Bestehende, für Fürsten und Verfassungen" sei. Später, 1848, in die Frankfurter Nationalversammlung gewählt, gehört er keineswegs zur bürgerlichen Linken, sondern zur Mitte. Doch wiederum 10 Jahre später, 1858 schreibt der nun 73jährige: „Wie oft muß einem das traurige Schicksal unseres Vaterlandes in den Sinn kommen und auf das Herz fallen und das Leben verbittern. Es ist an gar keine Rettung zu denken, wenn sie nicht durch große Gefahren und Umwälzungen herbeigeführt wird. Es kann nur durch rücksichtslose Gewalt geholfen werden. Je älter ich werde, desto demokratischer gesinnt bin ich." Großartig, wie auch dieser große Gelehrte, zuvor nur ein anständiger und mutiger großbürgerlicher Intellektueller, zum wirklichen Radical, wie die Angelsachsen einen solchen Typ nennen, wird.

Und noch ein Beispiel sei zitiert. Lujo Brentano, stets ein linker Liberaler, wurde nach dem Kriege, 1919, als 75jähriger, von einem englischen Journalisten befragt. In seiner Autobiographie schildert er: „Es kam ein Interviewer zu mir, der sich als Vertreter des Daily Chronicle vorstellte. Dieses Blatt stand damals unter dem Einfluß von Lloyd George. Er frug mich, ob ich nicht meine, daß der Krieg einen großen Staatsmann hervorgebracht habe. Es war klar, daß er wünschte, daß ich Lloyd George nenne. Ach nein, sagte ich, ich weiß keinen. ‚Aber gibt es nicht einen ganz großen?' – ‚Nein, weder einen großen Staatsmann noch einen großen General, sonst hätte der Krieg nicht nahezu fünf Jahre gedauert, und er wäre nicht durch einen Frieden beendet worden, der keiner ist.' Aber der Herr ließ nicht nach; da rief ich: „Doch ein Staatsmann fällt mir ein, der die Welt noch hundert Jahre und mehr beschäftigen wird: Lenin.' Darauf verließ mich der Interviewer entsetzt."

Wir, in unserem Lande haben solch kluge politische Wandlungen von alten bürgerlichen Wissenschaftlern in unserer eigenen Akademie nach 1945 nicht selten erlebt. Denken wir nur an unsere Präsidenten Stroux, Friedrich und Volmer.

Erstaunlich, wie sich der Blick des alten Wissenschaftlers in so mannigfacher Richtung weitet! oder auch zurückkehrt zur Radikalität seiner Jugend. Wie oft blickt der Mensch im mittleren Alter auf seine Jugendstürme voll Überlegenheit, bisweilen mitleidig, sie jedoch nicht ernst nehmend, es sei denn als „ernste Jugendsünden", zurück! Gerade unter den Gelehrten, ganz im Gegensatz zu den Politikern, finden wir jedoch gar manche Fälle der Wiedergeburt oder Neugeburt als Radicals im hohen Alter.

Und noch einer Eigenschaft des alten Wissenschaftlers müssen wir gedenken. Wer in seiner Jugend oder überhaupt vor dem höheren Alter eine neue Theorie entwickelt, muß sie in aller Klarheit und Bestimmtheit darlegen, ja sollte dabei, was leider aus falscher „Humanität" viel zu selten geschieht, das Kind mit dem Bade ausschütten. Nur so kann er zunächst die Geister aufrütteln. Später, im Alter, wird er dann oft geneigt sein, erfolgreiche Wiederbelebungsversuche an dem ausgeschütteten Kind durch Differenzierung und Nuancierung der Theorie zu machen. So haben es auch Marx und

Engels, soweit es sich um Bad und Kind handelt, mit der Theorie der materialistischen Geschichtsauffassung gehalten. Später hat Engels dann die Differenzierung und Nuancierung in seinen Altersbriefen vorgenommen. Wundervoll sein Brief vom 21./22. September 1890 an Joseph Bloch zur Theorie des Historischen Materialismus (meine Hervorhebungen): „Daß von den Jüngeren zuweilen mehr Gewicht auf die ökonomische Seite gelegt wird, als ihr zukommt, haben Marx und ich teilweise selbst verschulden *müssen*. Wir hatten, den Gegnern gegenüber, das von diesen geleugnete Hauptprinzip *zu betonen*, und da war nicht immer Zeit, Ort und Gelegenheit, die übrigen an der Wechselwirkung beteiligten Momente zu ihrem Recht kommen zu lassen." Ja, genau so mußten sie handeln, wenn sie ihre Theorie durchsetzen wollten.

Doch dann fährt Engels fort, und das ist ganz besonders interessant: Wenn sie an die Anwendung der Theorie gingen, vergaßen sie diese für die Durchsetzung der Theorie so richtige Haltung, und wandten die Theorie der Realität entsprechend an: „Aber sowie es zur Darstellung eines historischen Abschnitts, also zur praktischen Anwendung kam, änderte sich die Sache, und da war kein Irrtum möglich."

Trotz ihrer differenzierenden und nuancierenden Praxis aber hielt es Engels mit Recht für nötig, in vielen seiner Altersbriefe auch die theoretischen Formulierungen zu differenzieren und nuancieren. Immer wieder betont er in ihnen, daß die ökonomischen Faktoren nur „in letzter Instanz" entscheidend sind, wobei er „in letzter Instanz" immer wieder unterstreicht. Etwa so in einem Brief vom 25. Januar 1894 an W. Borgius: „Die politische, rechtliche, philosophische, religiöse, literarische, künstlerische etc. Entwicklung beruht auf der ökonomischen. Aber sie alle reagieren auch aufeinander und auf die ökonomische Basis. Es ist nicht, daß die ökonomische Lage *Ursache, allein aktiv* ist und alles andere nur passive Wirkung. Sondern es ist Wechselwirkung auf Grundlage der *in letzter Instanz* stets sich durchsetzenden ökonomischen Notwendigkeit."

Mit Recht können wir darum sagen, daß der Historische Materialismus als Theorie – im Gegensatz zu seiner praktischen Anwendung – erst in den Altersbriefen von Engels seine vollendete Ausbildung erfuhr.

Ja, auch alte Gelehrte können noch in die Lage kommen, in der Theorie das Kind mit dem Bade ausschütten zu müssen – vergleiche dazu etwa meine „Geschichte des Alltags des deutschen Volkes", der ich, noch älter geworden, zwei Jahre später einen Band „Nachträgliche Gedanken" folgen ließ, der schon manches differenzierte und nuancierte, natürlich auf Grund der klugen Kritik im Kreise von Kollegen. Ich hoffe, daß auch in diesem Fall die Wiederbelebungsversuche am Kind einigermaßen erfolgreich waren.

KREATIVITÄT IM ALTER.

Denken wir noch einmal an die Äußerung des Theologen von Hase über die „eigentliche" Arbeit im Alter: „mehr die Tätigkeit des Redigierens als neues produktives Schaffen". Wir hatten dem zwei Argumente entgegengehalten: einmal das Beispiel Mommsens (nachdem wir im vorangehenden in anderem Zusammenhang schon weitere Beispiele – etwa Sophokles und Plato – genannt hatten), und sodann, daß man auch schöpferisch redigieren kann.

Ja, ich meine, daß eine der Stärken des Alters gerade im schöpferischen Redigieren liegt. Gerade dadurch, daß so oft alten Texten weise Bemerkungen beigefügt werden oder jene auch nur umformuliert werden im Sinne von „verbesserten Auflagen", wird schöpferische Arbeit geleistet. Der alte Gelehrte, der seine alten Texte sammelt, sinniert dabei über sie nach und flicht nicht selten neue Gedanken in sie ein. Er arbeitet kreativ.

Die Basis aller Kreativität sind unermüdlicher Fleiß und die (natürliche wie anerziehbare) Gabe lebendiger Anschauung. Im Philosophischen Nachlaß von Lenin lesen wir: „Von der lebendigen Anschauung zum abstrakten Denken *und von diesem zur Praxis* – das ist der dialektische Weg der Erkenntnis der *Wahrheit*, der Erkenntnis der objektiven Realität". Lebendige Anschauung erfordert Freiheit von den Fesseln überkommener Sicht, abstraktes Denken verlangt klare Logik, und der Übergang zur Praxis setzt voraus gesellschaftliche Haltung zum Nutzen der Allgemeinheit.

Zu alledem muß noch kommen die Intuition, der scheinbar plötzliche Einfall, der „glückliche Gedanke", oft durch Assoziation. Bisweilen wird darauf hingewiesen, daß diese eine angestrengte geistige Arbeit am betreffenden Problem voraussetzen. Das trifft jedoch nicht immer zu.

Bekannt ist die Erzählung, daß Newton sich

lange und vergeblich mit dem Gravitationspro-
blem herumgeschlagen hatte, als ihm beim Fall
eines Apfels der erleuchtende Gedanke kam. Die
Wahrheit dieser Erzählung wird bisweilen be-
stritten, und doch ist sie wahr in dem schon genannten Sinne: wenn es nicht so war, ist es
doch irgendwie wahr.

Es kann aber auch sein, daß der erleuchtende Gedanke zuerst kommt, und daß seine
Ausarbeitung es ist, die viel Fleiß und Schweiß
erfordert. Dazu ein Beispiel: 1926, auf der
Fahrt nach Amerika, las ich, um mein Englisch
zu verbessern, den Artikel eines amerikanischen
Ökonomen, der statistisch zeigte, daß die Produktion im Laufe der Zeit ständig stärker stieg
als die Reallöhne. Dabei fiel mir plötzlich der
Begriff der relativen Position der Arbeiter, der
relativen Löhne ein, den Marx einmal gebraucht
hatte. Kaum gelandet, versuchte ich zum ersten
Mal in der Geschichte der Politischen Ökonomie, solche Löhne zu berechnen, kam dann auf
die Idee, den Index der Relativlöhne als Kon-
junkturindex zu benutzen, der mich dann be-
fähigte, der Zentralen Leitung der amerikanischen Gewerkschaften im Dezember 1928 die
Krise für 1929 vorauszusagen; seit 1926 habe
ich mich dann sechs Jahrzehnte lang mit Pro-

blemen der Lage der Arbeiter und mit der Konjunkturforschung beschäftigt.

Hier spielte die glückliche Assoziation eine primäre Rolle, denn natürlich war ich mit 21 Jahren kein Marxkenner und erst recht kein gebildeter Marxist. Auch beschäftigte ich mich, wie bemerkt, mehr um mein Englisch zu verbessern, als weil es irgendwie „mein Gebiet" war, mit der Entwicklung von Produktion und Reallöhnen. Doch auch hier war, aber eben erst anschließend an die Assoziation, unermüdlicher Fleiß notwendig, um kreativ die Lehre von der Lage der Arbeiter zu untersuchen – in diesem Fall folgte also die Fleißarbeit dem glücklichen Gedanken.

Wenn wir nun das Alter betrachten, fragt es sich, ob irgendeine Teilstrecke auf dem von Lenin genannten dialektischen Weg zur Erkenntnis der Wahrheit im Alter leichter bzw. schwerer zu gehen ist. Schwerer wohl der Gang zur Praxis und wohl weder leichter noch schwerer das abstrakte Denken, die Logik. Leichter aber die lebendige Anschauung.

Schon die größere Neigung zur Besinnlichkeit, die geringere Eile oder gar Hektik des wissenschaftlichen Lebens ermöglichen dem Alter eine größere Lebendigkeit der Anschauung.

Der Blick des alten Gelehrten ist freier und unbefangener. Natürlich übertrifft das Vorschulkind uns alle darin. Mit der Schule läßt die lebendige Anschauung bereits nach, da der Blick zumeist von Autoritäten gegängelt und geregelt wird. Das setzt sich auf der Universität fort. Nur die wirklich begabten jungen Wissenschaftler beginnen sich wieder von dieser Einengung zu lösen, obgleich jetzt politische Dogmen, Hörigkeit in wissenschaftlichen Schulen, Karrieremotive und manch andere gesellschaftliche Faktoren oft ein starkes Wiederbeleben der Anschauung hemmen oder gar verhindern.

Erst mit dem Alter beginnen so manche dieser Hemmnisse wieder zu fallen, und die Lebendigkeit der Anschauung wird erneut größer. „Des Kaisers neue Kleider" werden zu allererst von Kindern und dann von Greisen, darunter den alten Gelehrten, entdeckt.

Vielleicht sollte man in diesem Zusammenhang auch noch an ein anderes Phänomen des Alters erinnern; an das produktive Erinnerungsvermögen des alten Gelehrten, das auch gegen Scheinkreativität hilft. In meinen 1972 erschienenen „Studien zur Wissenschaft von den Gesellschaftswissenschaften" schrieb ich:

„Grenzwissenschaften, Integration der Wissenschaften, Querschnittswissenschaften, Kollektive Forschung – viel ist heute davon die Rede.

Doch auch schon vor einem halben Jahrhundert sprach man davon. 1932 schrieb der bürgerliche Soziologe Karl Mannheim:

‚Wir wiesen schon darauf hin, daß die neuartige Entfaltung der Soziologie mit den synthetischen Tendenzen in allen Geisteswissenschaften zusammenfällt. Diese neuen Tendenzen zeigen sich in drei Bestrebungen:

1. Man wendet sich immer mehr den Problemen der Grenzwissenschaften zu. Die Grenzgebiete der Wissenschaft werden immer mehr gepflegt. Man entdeckt hierbei, daß jede bisher für sich betriebene Disziplin im gegebenen Falle zur Hilfswissenschaft der anderen werden kann . . .

2. Außer dieser zunächst von den Spezialwissenschaften ausgehenden Grenzberührung wird immer häufiger ein gelegentliches Hinübergreifen in die Nachbargebiete vollzogen, so daß der Wahlspruch des modernen Forschers sein könnte: jeder Forscher müßte zumindest in zwei Gebieten zuhause sein, oder in der zweiten Hälfte seines Lebens sich in eine neue Diszi-

plin hineinarbeiteten. Denn erst dann würde ihm ein Licht über die Eigenart seiner eigenen Disziplin aufgehen . . .'

Als Mannheim so (und in so vieler Beziehung so richtig) schrieb, wiederholte er nichts anderes, als was wir ein Jahrzehnt zuvor als Studenten diskutierten, und dabei waren unsere Vorbilder je nach Weltanschauung Karl Marx oder Max Weber, die uns als Musterbeispiele der Integration von Wissenschaften, der Pionierarbeit in der Grenzgebietsforschung und der Querschnittsanalyse erschienen.

Und wenn wir – Mannheim, Arnold Bergsträsser und andere – schon ein Jahrzehnt früher in Heidelberg so diskutierten, dann konnte es geschehen, daß Jaspers oder Rickert, Alfred Weber oder Gundolf uns freundlich lächelnd darauf aufmerksam machten, daß wir ihre Diskussionen von vor dem Ersten Weltkrieg fortsetzten."

Nach 1945 jedoch wurde überall in der Welt die Spezialisierung großgeschrieben – und das gilt im allgemeinen auch heute noch an den Universitäten, obgleich kluge Wissenschaftler, wie der erste zitierte Satz zeigt, sich nicht nur bemühten, die altbewährte wissenschaftliche Bildung neu zu beleben, sondern auch alt gewordene Wissenschaftler sie, die ihnen vor einem halben Jahrhundert so vertraut wurde, heute vorleben und das auch stets getan haben. Bei ihnen hat nicht das, was man moralischen Verschleiß wissenschaftlicher Erkenntnisse und Erfahrungen nennen könnte, stattgefunden.

Ganz natürlich wirkt die ganze wissenschaftliche Tradition des vorangehenden Halbjahrhunderts und noch länger so lebendig in ihnen, daß so manche Probleme, die in der Gegenwart so vielen als neue, kreative Problemschöpfungen erscheinen, ihnen altvertraut sind. Sie sind wahre Problemreservoire und oft auch gute Kenner so vieler falscher Lösungsversuche, die niemals gedruckt oder auf anderen Wegen allgemeiner bekannt wurden.

All das sind spezifische Eigenschaften und Vorteile, die dem alten Gelehrten als kreativen Wissenschaftler eigentümlich sind.

MENSCHLICHE BEZIEHUNGEN

Als ich 1968 meinen alten Freund Georg Lukács in Budapest besuchte, um ihn vielleicht
zum letzten Mal zu sehen, nicht weniger aber
auch aus Zorn über unreife Marxisten bei uns,
die ihn in frecher Weise und voll Überheblich-
keit attackierten, rief ich natürlich vorher an.
Da ich wußte, wie angestrengt und intensiv der
83jährige noch arbeitete, fragte ich, ob ich vielleicht für 20 Minuten vorbeikommen könnte. Er
antwortete: „Nein, mein guter Freund, dafür
bin ich zu alt, aber wenn Du ein bis zwei Stunden Zeit hast, würde ich mich sehr, sehr freuen."
Als ich Anna Seghers kurz vor ihrem Tode im
Krankenhaus besuchte, hatte ich einen schlech-
ten Tag getroffen. Sie sprach, wie bisweilen in
den letzten Monaten ihres Lebens, recht wirr,
hatte nur wenige lichte Momente. Da ich sie
sehr müde glaubte, wollte ich nach einer Vier-
telstunde gehen, doch plötzlich war sie ganz
wach und protestierte: „Noch nicht, Jürgen, Du

weißt doch, wie gerne ich mich unterhalte." Anfang der sechziger Jahre besuchte ich in Moskau meinen alten Lehrer und Freund Eugen Varga zum letzten Mal; er war damals wie Lukács und später Anna Seghers über 80. Ich kam zum Kaffee, doch er und die Genossin Varga behielten mich zum Abendbrot, und er sagte: „Wissen Sie, Genosse Kuczynski, neue Bücher finde ich immer langweiliger, wie anders geht es mir mit den Menschen! und erst recht mit alten Freunden wie Sie." Nicht oft im Leben haben Ludwig Renn und ich uns getroffen und gesprochen, doch immer hatten wir Freude aneinander. Erst als er über 80 Jahre alt war, begann er mir längere Briefe zu schreiben. Öfter in unserer Kindheit und Jugend hatten Fritz Landshoff, später der große Verleger antifaschistischer Literatur, und ich uns getroffen; dann trat eine Pause von rund 60 Jahren ein; jetzt plaudern wir stundenlang, wenn er in unsere Republik kommt, und wir haben eine große Freude aneinander. Ganz offenbar hat die Intelligenz, darunter auch der alte Gelehrte, ein besonderes Bedürfnis, Menschen zu sehen: einzeln, in vertrautem Geplauder, aber auch in großem Kreis zu ihnen zu sprechen, mit ihnen zu diskutieren.

Bücher treten mehr und mehr als freudig begrüßte Kommunikationsmittel zurück und ebenso die größere Geselligkeit, in der man zumeist keine Gelegenheit zu längerer Aussprache hat — höchstens für 20 Minuten, die Lukács ablehnte, mit mir zusammenzusein. Auch Briefe beginnen bei dem alten Gelehrten wieder eine größere Rolle zu spielen. Niemals habe ich so viele Briefe geschrieben wie in den letzten Jahren — Briefe zu wissenschaftlichen oder allgemein gesellschaftlichen Problemen. Das Telefon tritt als Kommunikationsmittel zurück; es dient eigentlich nur noch dazu, Verabredungen zu machen. Einer unserer weltbekannten Wissenschaftler sagte mir: „Weißt du, ich komme eigentlich nur noch dazu, die Bücher und Sonderdrucke, die man mir von überallher schickt, zu lesen — ansonsten habe ich vor allem Gespräche." Er ist einer der Gelehrten, der in seinem ganzen Leben wenig veröffentlicht hat, auf der anderen Seite aber eine ungewöhnliche Literaturkenntnis hatte und zum Teil noch hat.

Der alte Gelehrte nimmt sich eben mehr Zeit für die Menschen, insbesondere die Jugend, die ihm im Mannesalter so oft so unreif schien und deren Unreife er im hohen Alter in gewisser Weise, in mancher Beziehung ihm selbst verwandt verspürt, da er immer deutlicher die eigenen Grenzen sieht; deren Unreife ihn häufig auch lächeln läßt, wie die griechischen Götter das Streben der Menschen nach Vollkommenheit rühren kann. Wieviele Gelehrte im guten Mannesalter, doch noch voller Unreife, hat der alte Gelehrte doch erleben müssen!

Ein wenig davon hat auch Goethe gespürt, wenn er in einem recht diffusen und unbeholfenen Gedicht, „Beschildeter Arm" benannt, mahnt:

> Soll dich das Alter nicht verneinen,
> So mußt du es gut mit andren meinen,
> Mußt viele fördern, manchem nützen;
> Das wird dich vor Vernichtung beschützen.

Wir sprechen leider ungern von dem so real existierenden Generationsunterschied, der Kinder und Eltern so oft trennt. Wir beobachten häufig dagegen, wie gut sich Kinder und Großeltern stehen. Etwas Ähnliches begibt sich auch in der Wissenschaft. Oft besteht ein besonderes Vertrauensverhältnis zwischen der studierenden wie forschenden Jugend und dem alten Gelehrten; es bedarf gar nicht der Mahnung Goethes, die vielmehr als ein Hinweis genommen werden sollte auf die Kraft, die dem alten Gelehrten durch das Vertrauen der Jugend gegeben wird. In den letzten Jahrzehnten erhielt ich Briefe von mir zunächst Unbekannten, die sich meine Schüler nannten, später bezeichneten sie sich als Enkel, heute unterschreiben manche den Brief „Ihr Urenkel", und fast alle habe ich dann im Laufe der Zeit persönlich kennengelernt und gar nicht selten ihren Kummer über rechthaberische Lehrer an den Schulen oder Universitäten geteilt oder ihre Freude an neuen Erkenntnissen, oder wir haben auch unsere Gespräche mit der Feststellung abgeschlossen: Darüber müssen wir beide noch weiter nachdenken. Besondere Freude haben sie an einem Mahnspruch in meinem Zimmer, der lautet: Those of you who THINK you know everything are annoying those of us . . . who DO.

Es ist eine Gefahr, im Alter auf sein Wissen und seine Erfahrung im Argument mit der Jugend zu pochen. Lenin nannte einen solchen Gelehrten einmal den wissensreichsten Dummkopf, den er kenne. Gerade im Alter sollte der Gelehrte begreifen, wie relativ all unsere Kenntnis gemessen an der absoluten Wahrheit ist, und wie gefährlich es ist, ein starres Erfahrungssystem aufzubauen, da die sich ständig verändernde Praxis so viel komplizierter und reicher ist als jedes Modell und jede Theorie. Und viele alte Gelehrte begreifen das sehr wohl; sie sind darum offen auch für Belehrungen durch die Jugend, die ebenfalls ihre Erfahrungen macht, Erfahrungen, die keineswegs identisch sind mit denen des alten Gelehrten in seiner Jugend wie in seinem Alter. Ich stellte darum einem meiner Bücher voran: „Meinen Schülern in Dankbarkeit für alles, was ich von ihnen gelernt habe, anläßlich meiner Emeritierung gewidmet". Nur solches Verhalten ermöglicht es dem alten Gelehrten, der Mahnung Kalinins zu folgen: „Wer ein wirklicher Kommunist sein will, der bleibt jung bis an das Ende seiner Tage." Statt wirklicher Kommunist kann man auch wirklicher Gelehrter setzen. Sollte man hier nicht auch an eine Äußerung von Picasso denken: „Man braucht viel Zeit, um jung zu werden."

Vielleicht hängt mit diesem größeren Kommunikationsbedürfnis direkt mit den Menschen auch eine oft gesteigerte Lust zu kurzen Vorträgen mit anschließend langer Diskussion zusammen. Ich halte seit längerer Zeit im Jahr über 50 Vorträge, selten über 30 Minuten, natürlich frei und sehr offen den Problemen unserer Zeit und speziell unserer Gesellschaft gegenüber. Dem Vortrag folgt dann eine Diskussion, die ich zumeist nur aus Gründen meiner Ermüdung nach etwa einer Stunde abbrechen muß. Über die Hälfte der Vorträge gelten Veranstaltungen unserer Studenten oder allgemein der Freien Deutschen Jugend, gelegentlich auch Schülern. Nicht selten sind die Veranstalter, insbesondere wenn es sich um vornehmlich erwachsene Zuhörer handelt, vor dem Vortrag besorgt, ob es auch eine „wirkliche Diskussion" geben wird. Aber es gibt sie immer. Alte Gelehrte sind weniger dazu geneigt, mit Gelehrsamkeit imponieren zu wollen, oder den Zeigefinger zu heben, sie haben von vornerein ein souverän-vertrauteres Verhältnis zu den Zuhörern, insbesondere zur Jugend, genau wie die Großeltern zu den Enkelkindern.

Und noch in einer ganz anderen Beziehung können die alten Gelehrten menschliche Beziehungen pflegen. Marx schreibt im „Kapital": „Allgemeine Arbeit ist alle wissenschaftliche Arbeit, alle Entdeckung, alle Erfindung. Sie ist bedingt teils durch Kooperation mit Lebenden, teils durch Benutzung der Arbeiten früherer." Für den alten Gelehrten gibt es aber zwischen den Lebenden und den vielen Toten der Vergangenheit noch eine Zwischenschicht: die Toten, die er als Lebende gekannt hat, und mit denen er stets noch Zwiesprache führen kann, eine wunderbare Gabe, die dem Alter gewährt wird.

Wie aber ist das Verständnis der alten Gelehrten zu den Lebenden? Vieles ist hier zu berücksichtigen. Es gibt einen alten akademischen Spruch: Nachdem Gott den Professor geschaffen, schuf der Teufel den Kollegen. Der Arbeiter hat als Rentner nicht mehr die alten Kollegen aus dem Betrieb im Sinne von Arbeitskollegen neben sich. Der alte Gelehrte hat sie nicht mehr als institutionelle Kollegen, wohl aber noch als Forschungskollegen, als Gelehrten-Kollegen neben sich. Also nicht mehr das ganze alte Verhältnis, nur noch das halbe, aber wohl die wichtigere Hälfte ist geblieben. Wer institutionellen Ehrgeiz hatte, wer in seiner institutionellen Position vorwärts kommen wollte, ist als Konkurrent mit dem Alter ausgeschieden, was ein besseres Verhältnis zu dem noch institutionell gebundenen Kollegen auf beiden Seiten ermöglicht.

Anders natürlich, wenn der alte Gelehrte eine Schule begründet hat. Da besteht die alte Konkurrenz zu anderen Schulen wie eh und je. Aber es ist eine gute Konkurrenz, die die Wissenschaft weiterbringt, im Gegensatz zu institutionellen Positionskämpfen. Und diese gute Konkurrenz dauert unvermindert an, wenn auch die Hauptkämpfer jetzt die älteren Schüler sind. Noch wird der alte Gelehrte weiter strategisch beraten und mit eigenen Arbeiten die Schule weiter stützen, die Taktik aber wird er den jüngeren Kollegen überlassen. Weise Milde wird seine Haupttugend sein – doch nicht immer: Mommsen blieb seine Grobheit.

Und wieder anders wird sein Verhältnis zu den Kollegen in aller Welt sein. Oft hat man sich nur auf Kongressen getroffen oder zu kurzen Besuchen bei Vorträgen an dieser oder jener Universität oder zu Exekutivsitzungen dieser oder jener internationalen Vereinigung. Doch gar nicht selten dauerte solche Bekanntschaft durch Jahrzehnte und wurde freundlich eigentlich erst durch die Länge der Zeit, in der man sich getroffen hat. Noch enger als durch das gelegentliche persönliche Treffen wurde das Verhältnis häufig durch die stete gegenseitige Zusendung gedrucker Arbeiten. Je älter der Gelehrte, desto größer der Kreis solcher Kontakte, bis dieser im Greisenalter, heute vielleicht mit 75, schnell durch den Tod vermindert wird, auch wenn natürlich Nachwuchs dazukommt, dem jedoch die alte Vertrautheit fehlt. Selbstverständlich hat jeder Gelehrte, der interessante Arbeiten veröffentlicht, heute einen internationalen Verkehr durch Schriftenaustausch und kurze Treffen; doch fehlt ihm die Vertrautheit, die die jahrzehntelange „unverbindliche" Zusammenarbeit der Gemeinschaft alter Gelehrter, die sich immer wieder getroffen haben, gegeben hat. Also ein Verhältnis, das nur dem alten Gelehrten gewährt ist. Selbstverständlich hat jeder Gelehrte heute gute Freunde auf internationaler Ebene, aber eben nicht jenes eigenartige Verhältnis, das nicht das von Freunden, sondern mehr das von miteinander Vertrauten ist, das die alten Gelehrten untereinander haben können, und für das die lange gemeinsame Vergangenheit bei besonderen, doch immer wiederkehrenden Gelegenheiten, so eine entscheidende Rolle spielt.

Sehr merkwürig wandelt sich das Verhältnis des alten Gelehrten zu seinen Schülern. Die älteren unter ihnen, gar nicht selten auch schon Großväter, kennt er nicht selten seit ihrer Studentenzeit, die jüngsten sind noch Studenten. Und entsprechend verschieden sind die Beziehungen zu ihnen. Mit den jüngsten versteht er vielleicht besser umzugehen als vor langer Zeit, als er selbst noch relativ jung. Mit der mittleren und älteren Generation aber spürt er, wie sich ihr Verhältnis zu ihm gewandelt hat. Sie wissen um die wissenschaftlichen Leistungen ihres alten Lehrers, die einzelne von ihnen zu seiner Freude übertreffen, ohne daß das alte Verhältnis dadurch gestört zu werden braucht, wenn der alte Gelehrte wirklich der Wissenschaft ergeben ist. Im Gegenteil: Höhere Leistungen, Erkenntnisse von größerer Bedeutung als sie ihm gelungen sind, machen ihn stolz auf seine Arbeit als Lehrer. Zugleich bemächtigt sich aber eine ganz neue Haltung der Schüler ihrem Lehrer gegenüber. Sie kennen ihn jetzt wahrlich genau, mit allen seinen Eigenschaften. Und während manche von ihnen sie früher gestört oder geärgert haben, betrachten sie diese jetzt mit einer Weisheit, die sie freundlich oder gerührt über den alten Lehrer lächeln läßt. Hier hat sich das menschliche Verhältnis zwischen Schüler und Lehrer in gewisser Weise umgekehrt, die Schüler sind die Weiseren geworden. Ja, eine ähnliche Umkehrung findet auch in der wissenschaftlichen Einschätzung statt. War der Gelehrte als Lehrer in der fernen Vergangenheit, als die heute älteren Schüler noch jung waren, so oft erfreut darüber, was sie schon leisteten, so schütteln die älteren Schüler heute gar nicht selten freudig erstaunt den Kopf darüber, was ihr alter Lehrer heute noch leistet. Und der alte Lehrer, der das merkt, denkt dann leise oder laut: Was für Frechdachse! So wandelt sich das Verhältnis des alten Gelehrten zu der älteren Generation seiner Schüler, auch zur mittleren. Was aber die jüngste Generation betrifft, so sind sie zumeist entweder die Schüler seiner Schüler, er hat keine direkt „schulische" Beziehung mehr zu ihnen, sonder nur eine „plaudernde". Oder, wenn sie Einzelgänger von „anderswoher" sind, sich nur in Briefen oder nach einem Vortrag zu seinen Auffassungen und Methoden wie Richtungen der Forschung bekennen, besorgt er ihnen den Kontakt zu seinen älteren Schülern und bleibt mit ihnen nur in ganz lokkerem Verkehr, ermutigt sie, wenn sie sich mit Schwierigkeiten an ihn wenden, hilft ihnen sporadisch mit Rat, kann bisweilen ihnen ihre Probleme klären. In einer großen Studentenversammlung fragte mich in der Diskussion ein mir Unbekannter: „Ich habe Ihre Bücher, die sich mit unserer sozialistischen Gesellschaft beschäftigen, gelesen, auch Ihren ‚Urenkel', und ich teile Ihre Auffassung, daß es bei uns auch noch antagonistische Widersprüche gibt", bekanntlich habe ich in dieser Frage bei uns alle unsere Philosophen gegen mich, während in der Sowjetunion einige führende Philosophen meine Auffassung betreffend die sozialistischen Länder teilen –, „aber mein Professor ist scharf gegen Sie und mich eingestellt – wie soll ich mich verhalten?" Ich antwortete ihm unter, zu meiner großen Freude allgemeinem, Beifall: „Mir scheint die Problematik des Verhaltens nicht bei Dir, sondern bei Deinem Professor zu liegen."

Und diese Problematik führt gleich zu zwei weiteren: zum Verhältnis des Professors zu seinen Studenten, überhaupt zum wissenschaftlichen Nachwuchs, sowie zur Problematik des Meinungsstreits. Überall in der Welt hat seit dem zweiten Weltkrieg eine schlimme Verschulung der Universitäten eingesetzt, in denen die Professoren zwar auch aus ihrem Wissen, vor allem aber aus ihrer institutionellen Position ihre Autorität beziehen. Die Studenten sind überbelastet mit Pflichtlernen und haben keine Freiheit, innerhalb des Studienverlaufs eigenen Gedanken nachzugehen, sie zu entwickeln und sie im Meinungsstreit mit den Professoren zu überprüfen. Das gilt sowohl für die bürgerlichen wie für die Universitäten in den sozialistischen Ländern. Das gilt insofern auch für die

Gelehrten im wissenschaftlichen Verkehr untereinander: Auch hier ist der echte, offene, fröhliche Meinungsstreit früherer Jahrzehnte zumeist erloschen.

Nur die ältesten marxistischen Gelehrten erinnern sich heute noch gern der Lehren, die Lenin ihnen durch sein Vorleben direkt oder durch so manche seiner unmittelbaren Schüler hinsichtlich des Meinungsstreits beigebracht hat. Die kühnste und radikalste seiner Formulierungen lautete (in „Was sind die ‚Volksfreunde‘“): „Die Marxisten entlehnen der Marxschen Theorie vorbehaltlos nur die wertvollen Methoden, ohne die eine Aufhellung der gesellschaftlichen Verhältnisse unmöglich ist, und sehen folglich das Kriterium für ihre Beurteilung dieser Verhältnisse keineswegs in abstrakten Schemata und ähnlichem Unsinn, sondern darin, ob diese Beurteilung richtig ist und mit der Wirklichkeit übereinstimmt." Das schließt selbstverständlich nicht aus, daß Lenin uns gleichzeitig stets geraten und vorgelebt hat, uns, wenn wir auf ein Problem des gesellschaftlichen Lebens stoßen, erst mit Marx und Engels zu „konsultieren". Doch da man so viele gesellschaftliche Prozesse verschieden interpretieren kann, sollte der endgültigen Entscheidung stets ein Meinungsaustausch, der so oft zu einem überaus furchtbaren Meinungsstreit wird, vorausgehen.

Der alte Gelehrte, der in seinem langen Leben stets die gesellschaftlichen Verhältnisse beobachtet hat, weiß aber auch, daß die Wirklichkeit ständigen, zum Teil geradezu revolutionären Veränderungen unterliegt, daß, was in früheren Jahrzehnten Wirklichkeit war, in seinem Alter nicht mehr Wirklichkeit zu sein braucht. Er wird also nicht nur nicht der Versuchung erliegen, mit „abstrakten Schematen" zu arbeiten, sondern auch die Wirklichkeit stets von neuem untersuchen. Das zuvor im Meinungsstreit für ihn gelöste Problem wird für ihn auf Grund seiner stets erneuerten Erfahrungen also nicht „für immer" gelöst sein, und nur stete Überprüfung der Wirklichkeit in stetem Meinungsstreit wird Richtlinie für seine Arbeit sein.

Natürlich werden die Jugenderlebnisse des echten und weitverbreiteten Meinungsstreits, die nur sehr alte Gelehrte in den sozialistischen Ländern heute noch haben, später wieder Allgemeingut der sozialistischen Gesellschaft sein. Hier handelt es sich um eine Eigenschaft des alten Gelehrten im letzten Drittel des 20. Jahrhunderts, die mit der allgemeinen Entwicklung des wissenschaftlichen Lebens als eine Spezial-

eigenschaft des alten Gelehrten wieder ver-
schwinden wird. Aber ganz? Werden wirklich
im nächsten Jahrhundert die jüngeren Gelehrten
ihren Schülern gegenüber ein falsches Autori-
tätsgefühl ganz ablegen? voll begreifen, daß
sie die Meinungen ihrer Studenten ernst nehmen und im Meinungsstreit prüfen müssen? Zumindest wird es den alten Gelehrten leichter
fallen, das zu tun.

Leichter fallen um so mehr, als viele alte Gelehrte eher dazu neigen, zu diskutieren als zu
schreiben, bzw. mehr Zeit für Diskussionen haben als jüngere. Und dabei wird dann ihre Erfahrung sein, daß, je weniger sie zu offenem
Meinungsstreit bereit sind, desto kleiner der
Kreis der Jüngeren um sie werden wird. Die
Gelehrten, die noch voll „im Dienst" sind, werden dagegen ihre Studenten nicht verlieren, da
diese auf sie für die Examen angewiesen sind,
was ihnen nicht hilft, ihre eventuell mangel-
hafte Meinungsstreitbereitschaft abzulegen.

In jedem Fall kann man sagen, je souverä-
ner der Gelehrte in seinem Wissen, seinem Denken und seiner Autorität, desto größer seine
Bereitschaft zu einem Meinungsstreit mit den
jeweils Jüngeren, beginnend schon mit den Schülern der oberen Klassen über die Studenten zum

wissenschaftlichen Nachwuchs. Und solche Souveränität ist unter den alten Gelehrten heute häufiger zu finden als unter denen der jeweils nachfolgenden Generation.

Und diese Souveränität wird dem alten Gelehrten auch bleiben, wenn ihm keine neuen Ideen von Bedeutung mehr kommen. Auch wenn seine Kreativität gestorben ist, kann und wird er noch eine Stütze für seine Schüler sein, so wie die alte unfruchtbare Ulme, von der der apostolische Vater Hermas in seiner Schrift „Hirt des Hermas" (um die Mitte des zweiten Jahrhunderts nach unserer Zeitrechnung) erzählt: Eine Rebe rankte sich an ihr herauf, und während die Früchte der am Boden gebliebenen Ranken zertreten wurden, labten die Fülle der Trauben um den Baum die Menschen. Auf die Frage, wessen die Trauben seien, antwortete ein Engel: „der Ulme".

Als Harnack sein letztes kirchenhistorisches Seminar, das er 54 Jahre lang gehalten hatte, schloß, sprach für seine Schüler Dietrich Bonhoeffer, den die Faschisten später ermordeten, die schönen Worte: „daß Sie unser Lehrer in vielen Stunden waren, ging vorüber; daß wir uns Ihre Schüler nennen dürfen, bleibt." Welch schöne Abschiedsworte eines Schülers für seinen Lehrer!

Der Wissenschaftler
und sein Werk

Abschließend sei noch auf die Haltung des alten Gelehrten zu seinen früheren Werken eingegangen. Als Mommsen immer wieder überlegte, ob er dem dritten Band seines großartigen Jugendwerkes, der Römischen Geschichte, im Alter noch den vierten Band, die Kaiserzeit behandelnd, folgen lassen sollte, schrieb er an seine Tochter Marie: „Ich glaube es eigentlich nicht, nicht daß ich mich altersschwach fühle, aber die heilige Hallucination der Jugend ist hin, und ich weiß jetzt leider, wie wenig ich weiß, und die göttliche Unbescheidenheit ist von mir gewichen – die göttliche Grobheit, in der ich noch immer einiges leisten könnte, is a poor substitute." Im allgemeinen betrachten die Gelehrte ihre Jugendwerke mit Milde. Dichter und Schriftsteller sind in ihrem Urteil oft viel schärfer. Ich besinne mich, als ich 1946 in einem Antiquariat fünf Exemplare einer Gedichtsammlung Bechers aus seiner expressionistischen Zeit entdeckt hatte, rief ich ihn gleich an und versprach ihm mit einer wirklich schon unwahrscheinlich klingenden Generosität zwei davon. Seine Reaktion aber war: „Um Gotteswillen, verbrenn das Zeug."

Bei Künstlern finden wir oft auch das Bedürfnis, alte Werke zu verbessern. Wosnessenski berichtet von Pasternak: „Der späte Pasternak feilte angestrengt an seinem Stil. In einem seiner früheren Gedichte ersetzte er ‚Manteau' durch ‚Mantel'. Auch die ‚Improvisation' schrieb er um; sie heißt jetzt ‚Improvisation auf dem Klavier' . . ."

Es folgt die neue Fassung, und dann bemerkt Wosnessenski:

„Welch neue Wucht! Auch der Ausdruck war jetzt strenger. Und doch hatten die Verse etwas eingebüßt. Vielleicht hat der Künstler kein Eigentumsrecht auf seine Schöpfungen? Was wäre geschehen, wenn Michelangelo, seinem sich verfeinernden Kunstsinn folgend, seinen David endlos verbessert hätte?

Die Künstler kehren sich häufig von ihrem früheren Schaffen ab, weil sie es für sündhaft und verfehlt halten. Das spricht von Geistesstärke, löscht aber die Schöpfungen keinesfalls aus. So erging es Tolstoi. Davon zeugt auch die

Askese des späten Sabolozki. Das Alter dürstet nach einer zweiten Geburt. Als Renoir 1889 aufgefordert wurde, sich an der Ausstellung ‚Hundert Jahre französische bildende Kunst‘ zu beteiligen, erwiderte er: ‚Ich will Ihnen etwas sehr Einfaches erklären: Alles, was ich bisher gemacht habe, halte ich für schlecht, und es wäre mir überaus peinlich, das alles ausgestellt zu sehen.‘ Für ‚schlecht‘ hielt er nunmehr die rosagrüne Samary, den perlfarbenen Rücken der Anna, die ‚Schaukel‘, kurz, den ‚ganzen Renoir‘. Zum Glück konnte er die Bilder weder vernichten noch sie in der Ingresschen oder der neuen rotbraunen Manier ummalen.

Parsternak rang mit dem früheren Pasternak – ‚mit sich selber, mit sich selber‘.“

Anders steht es mit den Gelehrten. Sie ringen nicht von neuem mit dem Stil, sondern mit der immer tieferen Erfassung ihres Gegenstandes, mit der immer größeren Annäherung an die Wahrheit. Das ganze wissenschaftliche Leben von Marx ist ein solches Ringen. Dabei gehen oft so manche ihrer Bemühungen zunächst oder für immer verloren. Wie einzig groß erscheint uns so vieles in der „alten“ Einleitung von „Zur Kritik der politischen Ökonomie“, die, von Marx verworfen, erst fast ein halbes Jahrhundert nach ihrer Niederschrift erschien. Und wie grundlegend gerade auch für die Welt des Kommunismus sind für uns so manche Passagen in den „Grundrissen der Kritik der Politischen Ökonomie", die uns erst 80 Jahre nach ihrer Niederschrift bekannt wurden! Verschieden davon ist das Bemühen der Naturwissenschaftler, bestimmte Erkenntnisse mathematisch immer einfacher oder, wie der große Physiker Dirac sagte, ästhetisch immer befriedigender zu formulieren. Verwandt damit ist ihr ständiges Bemühen, bestimmte Widersprüche zu lösen. Tragisch und doch großartig war das Ringen Einsteins bis in sein hohes Alter in immer neuen, zum Teil auch veröffentlichten Versuchen um eine einheitliche Feldtheorie. Vielleicht ist auch das eine Eigenschaft des alten Gelehrten: Nicht zu ermüden durch immer erneute Rückschläge bei der Lösung von Rätseln, die uns Natur und Gesellschaft aufgeben, nach immer neuen Wegen zu suchen, weil der alte Gelehrte die Gewißheit hat, daß das Leben uns immer neue Rätsel aufgibt, die wir jedoch im Laufe der Zeit lösen können, und weil er weniger Neigung hat, wenn er an Barrieren des Wissens stößt, sich lieber anderen Themen zuzuwenden, wozu der jüngere Wissenschaftler geneigter ist. Eine gewisse

Störrischkeit beseelt ihn, die, wenn er keinen Erfolg in seinen Bemühungen hat, seine wissenschaftlichen Nachfolger zumindest vor manchen Irrwegen bewahrt, die er schon beschritten hat.

Kehren wir noch einmal zu der Bemerkung von Wosnessenski zurück: „Vielleicht hat der Künstler kein Eigentumsrecht auf seine Schöpfungen? Was wäre geschehen, wenn Michelangelo, seinem sich verfeinernden Kunstsinn folgend, seinen David endlos verbessert hätte?" Ich glaube, Wosnessenski hat hier eine sehr berechtigte Frage aufgeworfen, untergeordnet der Frage vom Wert der Kunst im Laufe der Jahrtausende alten Kunstgeschichte, die Marx dahin beantwortet hatte, daß große Kunstwerke der Vergangenheit ihren Eigenwert haben, klassisch, unwiederholbar und unverbesserbar sind, so wie sie einst geschaffen wurden. Ich glaube, man kann diese Einschätzung auch auf die Werke im Laufe des Lebens eines einzelnen großen Künstlers anwenden. Wie schrecklich für uns der Gedanke, daß Goethe den Werther im Alter umgeschrieben und für die Vernichtung aller vorhandenen Exemplare des Frühwerkes gesorgt hätte.

Hier ist die Situation des Wissenschaftlers

in mancher Beziehung eine andere. Zwar wird uns unbehaglich bei der Idee, daß Mommsen sein so frisches geniales Jugendwerk der Römischen Geschichte im Alter umgeschrieben hätte. Doch sicherlich billigen wir verbesserte Neuauflagen, verbessert auf Grund neuer Erkenntnisse in so vielen seit der ersten Auflage erschienenen wissenschaftlichen Werken und auf Grund eigener neuer Erfahrungen und Überlegungen. Sind wir nicht tief gerührt und voller Zustimmung, wenn wir in unserer „Deutschen Literaturzeitung" (damals, 1903, von Paul Hinneberg geleitet) in einer Besprechung des Dritten Teils der zweiten Hälfte der zweiten Abteilung von Eduard Zellers „Philosophie der Griechen in ihrer geschichtlichen Entwicklung" lesen: „Fünfzig Jahre nach dem Abschluß der ersten, einundzwanzig Jahre nach dem Erscheinen der dritten Auflage erlebt der ehrwürdige, gegenwärtig im 90. Lebensjahre stehende Verfasser den, wie er angenommen hatte, ‚unwahrscheinlichen Fall', daß er den Schlußband seines großen Werkes noch zum vierten Male ‚nach bestem Vermögen vervollständigt und verbessert' neu herausgegeben und seinen langjährigen Freunden Theodor Mommsen und Kuno Fischer widmen kann. Dies als einen besonderen

Glücksfall mit dankbarer Freude zu begrüßen, hat die gelehrte Welt alle Ursache."

Ja wahrlich! hat die gelehrte Welt alle Ursache.

Doch bleibt noch die Frage: Wenn Kunstwerke, genau so wie sie geschaffen wurden, Ewigkeitswert haben können, sei es die Zeusstatue des Phidias oder Goethes Faust, gibt es auch wissenschaftliche Werke, von denen man das gleiche sagen kann? Ich glaube ja, jedoch sind sie viel geringer an Zahl, wenn wir an ihren wissenschaftlichen Wert denken – natürlich das „Kommunistische Manifest" oder Newtons „Philosophiae naturalis principia mathematica".

Und doch besteht ein großer Unterschied zwischen dem Ewigkeitswert von Kunstwerken und solchen von wissenschaftlichen Werken. Kein Kunstwerk hat wie das wissenschaftliche Werk Ewigkeitswert wegen seiner inhaltlichen Aussage, was nur natürlich ist, denn Kunstwerke werden von der „Ewigkeit" nach ihrer Kunst beurteilt. Wissenschaftliche Werke jedoch können Ewigkeitswert haben auch wegen der Kunst ihrer Aussage – sei es wegen der Schönheit der Sprache – man denke an die Dialoge Platos –, oder wegen der Kühnheit der Gedanken – wer wird je die anonyme im ganzen wissenschaftlich bedeutungslose kleine englische Broschüre vergessen können, der Marx den großartigen Gedanken entnahm, daß man einmal den Reichtum der Nationen an der Freizeit ihrer Bürger messen wird –, oder wegen der wundervollen Logik der Beweisführung, die auf einer wissenschaftlich völlig falschen Prämisse beruht, was uns so oft bei Hegel begegnet.

Vor allem junge Wissenschaftler und alte Gelehrte haben die schöne Neigung, an wissenschaftlichen Werken auch nichtwissenschaftliche Element zu schätzen und sie so immer neuen Generationen zu retten. Wie schmerzte es mich zu lesen, als einer unserer einflußreichsten Philosophen erklärte, Plato habe uns nichts mehr zu sagen (was ja vom Standpunkt der Vermittlung wissenschaftlicher Wahrheiten zum großen Teil stimmt). Wie glücklich war ich, als mir 1949 ein alter sowjetischer Gelehrter und Lehrer an der obersten Parteihochschule der KPdSU sagte, es sei falsch, wenn Stalin Hegel als einen Reaktionär abtue.

Der alte Gelehrte neigt eher dazu, nicht nur interdisziplinär zu arbeiten, sondern auch gesamtgebildeter zu sehen und zu urteilen. Doch sind das wohl, wie manch andere Vorzüge des alten Gelehrten heute, Zeiterscheinungen. Wer die in der Geschichte der Gesellschaftswissenschaften einzigartige Glanzzeit der zwanziger Jahre in der Sowjetunion kennt, weiß, daß auch in dieser Beziehung die Vorteile der alten Gelehrten heute nur auf die einseitige Erziehung der nachfolgenden Generationen zurückzuführen sind. Wer heute über den alten Griechen nachdenkt, muß darum unterscheiden lernen zwischen nur zeitbedingten Eigenschaften des alten Gelehrten in der letzten Hälfte unseres Jahrhunderts und solchen, die ihm wohl stets irgendwie eigentümlich gewesen sind und vielleicht auch sein werden.

Auch neigt der alte Gelehrte eher dazu, Wert auf die Formung seiner Gedanken zu legen. Der alte Harnack sagte von sich: „Ich kann nicht sagen, daß die Kraft der Produktion bei mir nachgelassen hat, daß mir also weniger einfiele als früher. Aber für die Formgebung brauche ich mehr Zeit als früher. Das hängt damit zusammen, daß im Alter die Sorgfalt wächst und man die Form von Jahr zu Jahr höher bewertet." So geht es auch mir. Und ich freue mich darüber. Nicht wenige Gelehrte werden erst im Alter mit ihrer Muttersprache wirklich vertraut, hegen und pflegen sie.

Doch noch mit einem anderen Gedanken müssen wir hier abschließen. Als Gustav Ewers, Professor und langjähriger Rektor der neugeschaffenen deutschen Universität Dorpat, einer der Begründer der russischen Rechtsgeschichte, 1830 starb, sprach der Universitätsprediger an seinem Grabe die Worte: „Die Werke seines Geistes muß der Tod stehen lassen; sie lassen sich nicht einsargen, sondern bleiben unter uns und zeugen überall von des Verewigten Gegenwart."

Jeder alte Gelehrte, der ein kreatives Leben verbracht, der diese und jene kleine oder größere Wahrheit gefunden hat und auf diese Funde zurückblickt, kann sicher sein, daß diese Wahrheiten, ob später mit seinem Namen verbunden oder nicht, niemals eingesargt werden. Mögen sie auch einige Zeit den Scheintod erleiden, sie werden immer wieder lebendig werden und wenn nicht seinen Namen, so doch seinen Geist durch die Geschichte tragen.

Und wer solches von sich, rückblickend auf seine Arbeiten, sagen kann, wird, trotz aller Stürme der Zeiten, in die er vielleicht sogar noch im Alter das Glück hat verwickelt zu sein, eine allen, die ihn kennen, wohltuende Souveränität, auch seinem Leben und seinem Werk gegenüber, ausstrahlen.

Vielfältig und vielseitig also ist das Leben und Streben des alten Gelehrten. Oft der Vergangenheit, der Gegenwart und der Zukunft in Einem zugewandt – unbefangener der Vergangenheit gegenüber, ledig so mancher erzwungener oder freiwillig eingegangener, nur scheinbarer Verpflichtungen der Gegenwart gegenüber, fröhlicher einer Zukunft, die er deutlich vor sich sieht und die er nicht mehr erleben wird, entgegenschauend als so manche Zeitgenossen mittleren Alters – so steht er nicht als Idealfigur, sondern mannigfach in Geschichte und Gegenwart verwirklicht vor uns.

So jedenfalls sieht es ein in historischer und lebendiger Gegenwarterfahrung uralt gewordener Gelehrter.